DÉLIRONS
AVEC Léon !

DES TRUCS EXTRA, EN VOICI EN VOILÀ

NUMÉRO **4**

PAR
ANNIE GROOVIE

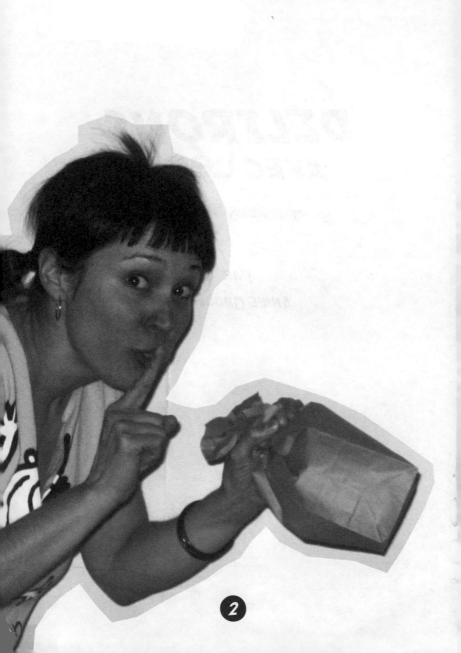

*Merci à Jacynthe,
la talentueuse
costumière.*

*Merci Francky,
merci Sophie,
merci la vie !*

EN VEDETTE :

LÉON

C'est pas ma faute, c'est le temps qui passe trop vite !

BIENVENUE DANS L'UNIVERS DÉLIRANT DE LÉON

Oui, ce livre va assurément vous **DIVERTIR**, mais aussi et surtout, il vous fera découvrir une foule de trucs extra cool !

Que ce soit des bandes dessinées absurdes, des jeux divers, des histoires **insolites** ou même des trucs à faire avec vos 10 doigts, il y a tout ce qu'il faut là-dedans pour éveiller vos sens, y compris celui de l'humour.

Il y a toujours un **code secret** à découvrir à la fin du livre. Il vous donnera accès à un tout nouveau jeu sur le site Internet de Léon, au ***www.cyberlon.ca***. Cependant, vous ne pourrez y jouer que si vous entrez le bon code...

Vous remarquerez aussi qu'il y a encore un trait pointillé dans le coin supérieur de chaque page. Ce n'est pas une erreur, c'est pour vous indiquer où plier la page afin de vous aider à retrouver l'endroit où vous étiez rendus. On pense à tout...

Enfin, ce livre est très **pratique** en raison de son format vraiment compact. Cela ne signifie pas qu'il contient moins de **TRUCS**, bien au contraire, mais plutôt que vous pourrez le dévorer où bon vous semblera, en tout temps. N'est-ce pas génial ?

Bon, assez perdu de temps, vous brûlez sûrement d'envie de tourner cette page pour entrer dans un tout nouveau monde de délire et de rire !

ATTENTION : CE LIVRE EST TELLEMENT CAPTIVANT QU'IL POURRAIT CAUSER DE VIVES CRISES DE JALOUSIE AUTOUR DE VOUS. ALORS, POUR ÉVITER TOUT CONFLIT AVEC CEUX QUI RISQUERAIENT DE SE SENTIR NÉGLIGÉS, ACCORDEZ-LEUR UN PEU D'ATTENTION DE TEMPS EN TEMPS, DISONS EN LEVANT LES YEUX VERS EUX 2 SECONDES TOUTES LES 10 MINUTES ; ÇA DEVRAIT ALLER !

Table des matières

9

OUï-DIRE

GROSSE JOURNÉE !

TOUTE UNE DÉCOUVERTE !

PAUSE PUB

PRODUIT : LE LAIT CAILLÉ

20

MON ŒIL !

Histoires insolites

PAUVRE VIEUX !

Giuseppe Santagostino, 103 ans, se serait échappé de sa maison de retraite après avoir noué ensemble des draps et les avoir attachés à la balustrade de sa fenêtre. Malheureusement pour lui, il n'est pas allé bien loin : les draps étaient trop courts de deux mètres. Le centenaire a tout de même tenté le grand saut... et s'est fracturé le bassin et le fémur.

La Repúbblica, Rome (juin 1999) / Courrier international, hors série (juin-juillet-août 2006)

BIODÉGRADABLE...

Des chercheurs ont mis au point le premier téléphone portable écologique et biodégradable, qui se transforme en fleur une fois planté dans la terre. Cette invention révolutionnaire règle la question du recyclage des portables, qui se pose dans le monde entier depuis l'explosion de la téléphonie mobile. Une équipe de l'Université de Warwick a travaillé en collaboration avec une société britannique de haute technologie, PVAXX Research, et le fabricant américain Motorola. L'appareil est fait de polymères biodégradables qui se transforment en poussière lorsqu'ils sont enterrés dans du compost. Une graine de fleur (idéalement de tournesol) est insérée dans le combiné : grâce à une petite fenêtre, elle est visible de l'extérieur, mais ne germe pas tant que l'usager ne recycle pas son téléphone portable en le plantant dans la terre. Reste désormais à trouver à cette invention un débouché commercial. *La Libre Belgique* et AFP (extraits), Bruxelles (déc. 2004)/*Courrier international*, hors série (juin-juillet-août 2006)

IKEA FAIT PARTIE DES MEUBLES

Selon *La Stampa* (avril 2006), un quotidien italien, le catalogue IKEA, qui est tiré à 160 millions d'exemplaires, serait aujourd'hui la publication la plus lue du monde après la Bible. Faut le faire !

NOM D'UN CHIEN !

PÉKIN (AP) Une Chinoise a provoqué un accident de la route parce qu'elle voulait apprendre à conduire à son chien ! « Elle voulait le laisser essayer et lui a confié le volant pendant qu'elle s'occupait de l'accélérateur et des freins. Ils n'ont pas été bien loin avant de rentrer dans une voiture », a déclaré l'agence de presse chinoise Xinhua.

Cette drôle d'aventure s'est malgré tout bien terminée et n'a causé que quelques dégâts matériels aux véhicules impliqués. L'accident n'a pas fait de blessé. La femme, dont on ne connaît que le prénom, Li, a expliqué que son chien adore s'asseoir au volant et la regarde souvent conduire.

Lancez un défi à votre pied droit !

Voici un petit jeu rigolo pour vous détendre.
Vous verrez, c'est vraiment impressionnant...

1. Asseyez-vous et levez votre pied droit.

2. Faites-lui faire des cercles dans le sens des aiguilles d'une montre.

3. Pendant que vous faites des cercles avec votre pied droit, dessinez le chiffre 6, dans les airs, avec votre main droite (en commençant par le haut).

4. Vous constaterez que votre pied change de direction !

Je vous l'avais dit... et il n'y a rien que vous puissiez y faire !

Qui dit vrai ?

Vous devez trouver quelle image correspond à l'affirmation donnée.

Réponses à la page 84

1. On nous appelle des palmipèdes.

a

b

c

Qui dit vrai ?_____

2. Je suis de la famille des arachnides.

a

b

c

Qui dit vrai ?_____

3. Je suis de forme concave.

a **b** **c**

Qui dit vrai ?_____

4. On me considère comme un fruit.

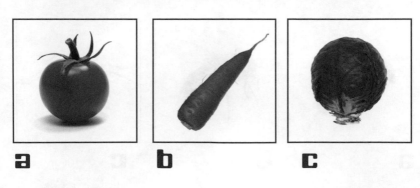

a **b** **c**

Qui dit vrai ?_____

5. Ma forme est hexagonale.

a   b   c

Qui dit vrai ?_____

6. Je suis de couleur pastel.

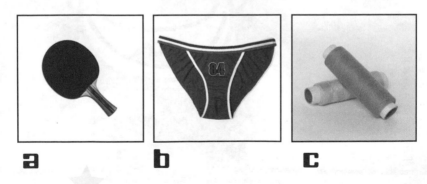

a   b   c

Qui dit vrai ?_____

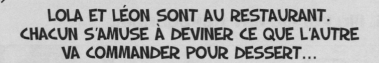

LOLA ET LÉON SONT AU RESTAURANT. CHACUN S'AMUSE À DEVINER CE QUE L'AUTRE VA COMMANDER POUR DESSERT...

Mon premier est le contraire de tôt.

Mon deuxième est le contraire de la réponse précédente.

Mon troisième est un chiffre qui finit par x.

Mon dernier est la partie inférieure de l'arbre.

Réponses à la page 84

Elle est bonne !

Léon revient d'une fête, très enthousiaste.
Il dit au Chat :
« On a tellement rigolé, c'était complètement
  fou, cette fête !
– Mais où étais-tu ? lui demande le Chat.
– À une épluchette de blé DINGUE ! »

Le Chat arrive chez Léon à l'improviste
et le surprend en train de laver le plancher
avec une tranche de pain. Il demande alors
à Léon :
« Mais que fais-tu là ?
– Eh bien, je lave le plancher ! lui répond Léon.
– Avec une tranche de pain ? s'étonne le Chat.
– Pourquoi pas, c'est du pain de ménage* ! »

* Gros pain croûté très épais que l'on mangeait autrefois.

32

Léon est branché sur son baladeur. Le Chat lui demande s'il est au courant de la dernière nouvelle. Léon lui répond :
« Euh, non , désolé, je ne peux pas être au courant puisque j'utilise présentement des piles ! »

Léon et le Chat viennent tout juste de finir de manger. Léon se lève et commence à démonter la première marche de son escalier. Évidemment, le Chat lui demande pourquoi il agit ainsi. Léon répond :
« J'ai trop mangé, je me suis dit qu'une bonne marche m'aiderait à digérer ! »

Le Chat demande à Léon s'il veut venir faire un petit tour chez lui. Léon répond : « Pas aujourd'hui, je suis trop étourdi ! »

Énigme

Chez moi,

la **mort** vient
avant la *vie*,

les *fleurs* viennent
avant les *graines*

et les *grands* viennent
avant les *petits*.

Qui suis-je ?

Réponse à la page 84

LE MALADE IMAGINAIRE

Pas de chance...

Mon gros rhume tombe vraiment mal.

En plein le jour où j'avais un examen de maths, un exposé oral...

... et où c'était à mon tour de laver le tableau !

Ça ira sûrement mieux demain, on a une journée pédagogique !

35

CASE ATTAQUE

Je crois qu'il est temps que je fasse un petit ménage dans ma case...

C'EST LOGIQUE !

SACRÉ LUNCH !

TROP TÔT

ÉCHEC ET...

HISTOIRE DE S'ENNUYER

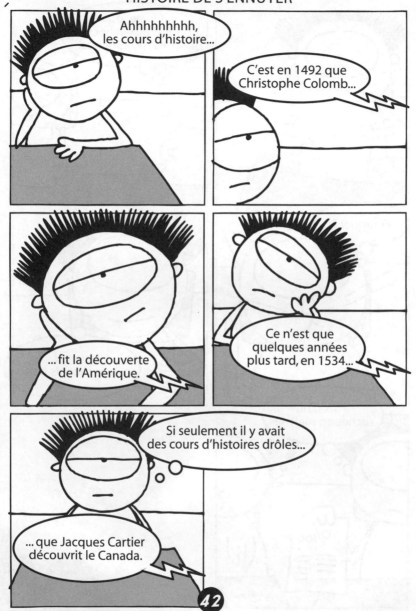

PAUSE PUB

SUPER LIQUIDATION !

Tous nos manteaux sont réduits de

70%

44

TEST : CONNAISSEZ-VOUS BIEN LE MONDE DES ARTS ?

1. Laquelle de ces couleurs n'est pas une couleur primaire ?

A. Le jaune

B. L'orange

C. Le rouge

D. Le bleu

2. Si je dessine un autoportrait, que représentera-t-il ?

A. Mon père

B. Un portier

C. Une voiture ancienne

D. Moi-même

3. Quel art surnomme-t-on le septième art ?

A. Le cinéma

B. La photographie

C. La sculpture

D. Le théâtre

4. Avec quoi dilue-t-on l'aquarelle pour peindre ?

A. De l'eau

B. De l'huile

C. Du vinaigre

D. Du lait

5. Quel est l'autre nom du célèbre portrait de la Mona Lisa peint par Léonard de Vinci ?

A. *Le Sourire*

B. *La Mystérieuse*

C. *La Joconde*

D. *La Grande Dame*

6. Les teintes pastel sont plutôt...

A. Vives et foncées

B. Douces et claires

C. Ternes et grises

D. Sans couleurs

7. Laquelle de ces activités n'est pas considérée comme un art ?

A. La danse

B. Le théâtre

C. La photographie

D. Aucune de ces réponses

8. Laquelle de ces personnalités est un célèbre artiste peintre ?

A. Leonardo Di Caprio

B. Pablo Picasso

C. Ronald McDonald

D. Jean-Paul Belmondo

9. Si je peins une nature morte, quel est le sujet que je regarde ?

A. Des objets inanimés comme des fruits, des fleurs, des vases, etc.

B. Un cimetière

C. Une forêt ravagée par le feu

D. Toutes ces réponses sont bonnes.

10. À quoi sert le fusain ?

A. À dessiner

B. À sculpter

C. À nettoyer les pinceaux

D. À mélanger les couleurs

11. Où est situé le célèbre musée du Louvre ?

A. À Los Angeles

B. À Rome

C. À Paris

D. À Barcelone

47

12. Lequel de ces matériaux est couramment utilisé par les sculpteurs ?

A. Le bois
B. Le marbre
C. Le bronze
D. Toutes ces réponses sont bonnes.

13. Qu'est-ce qu'une œuvre d'art collective ou un « collectif » ?

A. Une œuvre d'art appartenant à un collectionneur
B. Une œuvre qui sert à collecter des fonds
C. Une œuvre d'art faite à partir de collages
D. Une œuvre réalisée par plusieurs artistes

14. Lequel de ces peintres était surréaliste, espagnol et portait une longue moustache ?

A. Claude Monet
B. Auguste Renoir
C. Salvador Dalí
D. Vincent Van Gogh

15. Comment appelle-t-on le support utilisé en peinture pour tenir l'œuvre en cours de création ?

A. Le chevalet
B. Le buste
C. Le pied
D. Le tour

Réponses à la page 84

RÉSULTATS DU TEST

Entre 12 et 15 bonnes réponses :
Bravo ! Excellente note. Les arts doivent sûrement
vous intéresser !

Entre 9 et 12 bonnes réponses :
C'est bien, vos connaissances de l'art
sont très bonnes.

Entre 6 et 9 bonnes réponses :
Ce n'est quand même pas si mal. Vous possédez déjà
quelques connaissances, c'est toujours ça de pris.

Entre 0 et 6 bonnes réponses :
Peut-être que les arts ne sont pas votre plus grande
passion. Ce n'est pas grave du tout, il y a plein d'autres
domaines auxquels vous pouvez vous intéresser !

QUE FAIRE DE VOS 10 DOIGTS À PART MANGER DES COCHONNERIES...

IMPRESSIONNEZ VOS AMIS
AVEC LE DOIGT MORT !

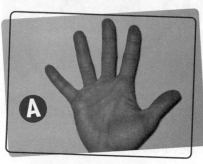

Levez une main...

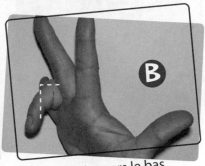

Pliez un doigt vers le bas
en plaçant votre main
comme sur la photo,
la paume face au sol.
Assurez-vous que votre doigt
forme bien un angle droit (90°).

Puis, en gardant votre doigt
bien raide et bien droit, bougez,
à l'aide de votre autre main,
la dernière partie de votre
doigt, de l'avant vers l'arrière.

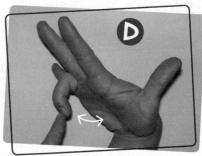

Vous verrez, votre doigt
semblera inanimé !
Faites-le toucher à vos amis,
ils n'en reviendront pas !

53

AVEC LE « GUILI GUILI » !

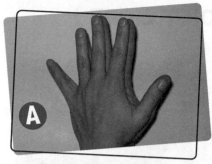

Joignez vos deux mains ensemble.

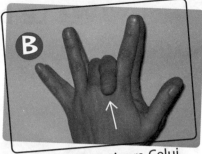

Pliez vos deux majeurs. Celui de la main droite doit tomber devant comme sur la photo.

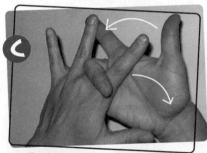

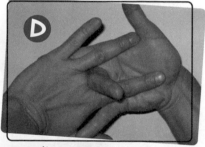

En laissant toujours vos deux paumes l'une contre l'autre, commencez doucement à tourner vos mains. La droite doit partir vers l'arrière, et la gauche, vers vous.

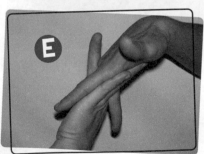

Normalement, vous devriez obtenir ceci.

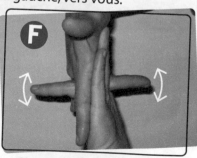

Si vous bougez vos doigts, cela fera : « guili guili » ! Des heures de plaisir !

AVEC LE POUCE COUPÉ !

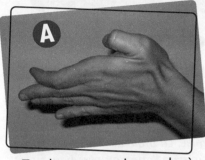

Tendez votre main gauche à l'horizontale, paume vers vous, et pliez le pouce vers l'intérieur comme ci-haut.

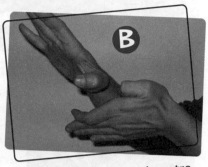

Pliez ensuite le pouce de votre main droite vers l'extérieur.

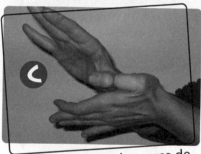

Puis, collez-le sur le pouce de votre main gauche, au niveau de la jointure.

Utilisez maintenant l'index de votre main droite pour masquer l'endroit où vos pouces se joignent.

En laissant votre index droit sur le pouce de votre main droite, écartez vos mains de façon à créer une illusion parfaite de pouce coupé. Tadam !

Costumière

Jacynthe Dallaire

Toute petite, Jacynthe passe de longues heures à regarder sa mère confectionner elle-même la plupart des vêtements de la famille. La drôle de machine dont se sert sa mère l'attire au plus haut point. Jacynthe se met à l'utiliser pour créer et coudre ses premiers habits de poupées, dont ceux de sa Barbie. C'est ainsi qu'elle découvre un instrument de travail tout à fait génial, la machine à coudre !

• EN QUOI CONSISTE SON MÉTIER ?

Il s'agit d'imaginer et de confectionner toutes sortes de costumes, tant pour le théâtre que pour la télé ou pour des spectacles de grande envergure, et même, parfois, pour fabriquer des mascottes célèbres.

• COMMENT EST-ELLE DEVENUE COSTUMIÈRE ?

Jacynthe aime beaucoup le monde du théâtre et a toujours voulu dénicher un travail qui s'y rattachait. Elle fait donc des études dans une école de théâtre. Elle a la chance d'expérimenter diverses facettes du métier, de comédienne à metteure en scène. Elle réalise alors que c'est vraiment la confection des costumes qui la passionne le plus.

• QUELLE A ÉTÉ SA PREMIÈRE VRAIE RÉALISATION ?

À l'âge de 18 ans, elle obtient le mandat de créer elle-même tous les costumes pour une pièce de théâtre universitaire. Enrichie et comblée par son expérience, elle a la certitude d'avoir trouvé son métier. Quelques années plus tard, elle décroche son premier vrai contrat pour la troupe de théâtre **Coin d'trop**, à Chicoutimi.

• QU'EST-CE QU'ELLE TROUVE LE PLUS COOL DANS SON MÉTIER ?

« Tout ! » me répond-elle, « de l'achat des tissus à l'essayage sur les mannequins ! » De plus, ayant son atelier chez elle, Jacynthe peut travailler dans le confort douillet de sa maison. Ce qu'elle aime tout particulièrement, c'est faire de la recherche sur les costumes d'époque. Par exemple, au moment où je l'ai rencontrée, elle collaborait à un spectacle dont l'action se déroule dans les années 1920. « C'est vraiment excitant de fouiller et de découvrir les habitudes vestimentaires de différentes époques. » Son métier lui permet de s'amuser et n'est jamais routinier.

Quelques costumes de chats

Costume du célèbre personnage Shrek

• CE QU'ELLE TROUVE MOINS COOL ?

À part le fait de se piquer régulièrement les doigts (!), ce que Jacynthe aime le moins dans son métier, ce sont les toutes premières étapes d'un projet, c'est-à-dire la rencontre avec les artistes, les réunions, les mesures, les présentations des costumes, etc. Ce travail préliminaire génère beaucoup de stress. Ce qui est également très énervant, c'est le jour de l'essayage officiel, sur scène, devant le metteur en scène qui dit ce qu'il pense de chaque costume. Enfin, les budgets et les délais sont souvent très serrés, alors elle doit faire des miracles avec pas grand-chose. C'est ce qu'on appelle de la débrouillardise !

Un metteur en scène français a fait appel aux talents de notre costumière. *La Conférence des oiseaux* (1986)

Jacynthe retouchant un costume de marionnette géante

• QUELS SONT LES COSTUMES LES PLUS IMPRESSIONNANTS QU'ELLE AIT CONFECTIONNÉS ?

Ceux qu'elle a faits pour une production de commedia dell'arte, basés sur les dessins de nul autre que le fils de George Sand ! Rien que pour le costume d'Arlequin, il lui a fallu 42 mètres de ruban jaune afin de séparer chaque losange de couleur ! Un vrai défi, d'autant plus que les tissus n'existaient pas. Elle a donc dû les recréer. Tout un travail ! Bravo, Jacynthe !

• SES COSTUMES PRÉFÉRÉS ?

Jacynthe adore les défis de taille. Ce qu'elle préfère confectionner, ce sont les costumes d'époque avec froufrous, les capes, les robes à crinoline et les autres folies vestimentaires souvent utilisées pour les grosses productions.

• LE COSTUME DE SES RÊVES ?

Elle serait folle de joie si quelqu'un lui demandait de reproduire la robe en taffetas blanc de Scarlett O'Hara dans le film Autant en emporte le vent. Idéalement, elle disposerait alors d'un budget en conséquence !

• QUELLES QUALITÉS DOIT-ON AVOIR POUR DEVENIR UNE BONNE COSTUMIÈRE OU UN BON COSTUMIER ?

Il faut évidemment posséder une solide expérience en couture, avoir de l'imagination et pouvoir transposer ses idées sur un bout de papier. La patience est importante, ainsi que la débrouillardise. Enfin, plus vous êtes polyvalents, mieux c'est, car plus vous avez de connaissances, mieux vous travaillerez avec les autres artistes d'un spectacle, l'éclairagiste par exemple. Eh oui, la couleur des projecteurs influence le choix des couleurs de vos tissus !

Pour le *Capitaine Fracasse*, à Chicoutimi, en 2006...

...Jacynthe a dessiné deux séries de costumes !

• COMMENT FAIT-ON POUR DEVENIR COSTUMIÈRE OU COSTUMIER ?

Vous pouvez d'abord apprendre à coudre, puis vous devez vous intéresser au monde du théâtre et du spectacle. Enfin, il y a des écoles de théâtre dans lesquelles vous aurez l'occasion de toucher à un peu tous les métiers reliés à ce domaine, ce qui vous donnera une bonne formation de base.

Notre artiste à ses débuts sur les planches

terrain de jeux

VOUS TROUVEREZ LES SOLUTIONS À LA PAGE 84.

CHIFFRE MYSTÈRE

0	2	5	8	2	9
4	1	1	5	0	6
7	0	7	0	0	4
3	0	6	8	1	3
6	9	4	8	4	6
5	1	5	3	4	6

À LA MANIÈRE D'UN MOT MYSTÈRE, DONC DANS TOUS LES SENS, TROUVEZ LES CHIFFRES CACHÉS À L'AIDE DES QUESTIONS CI-DESSOUS. LE CHIFFRE QUI RESTERA À LA FIN CONSTITUERA LA SOLUTION.

SOLUTION : ____

1. 12^2

2. En quelle année Jacques Cartier a-t-il découvert le Canada ?

3. Un chiffre très malchanceux...

4. Combien y a-t-il de lettres dans l'alphabet ?

5. À quel chiffre correspond ce chiffre romain : XI ?

6. Léon et 36 personnes sont au cinéma. Combien d'yeux regardent le film ?

7. En quelle année ont eu lieu les attentats du World Trade Center aux États-Unis ?

8. Combien y a-t-il de cartes dans un jeu de cartes standard ?

9. M. Trudelle est un quincagénaire depuis cinq ans. Quel âge a-t-il ?

10. Un nombre entre 56 et 76 qui contient deux fois le même chiffre.

11. $(5 \times 20) + (75 \times 2) + (300 - 150) + (1000 \div 5) =$

12. S'il y a 22 vaches dans un champ, combien cela fait-il de pis ?

13. En quelle année passera-t-on au 22e siècle ?

14. Combien y a-t-il de jours dans une année normale ?

15. Quel âge aura une personne née en 2007 en l'an 2089 ?

16. James Bond porte aussi le nom d'agent_____.

17. $200 -$ ____ $= 108$.

18. Combien y a-t-il d'heures dans une journée ?

19. Deux groupes de triplés + quatre paires de jumelles + des quintuplés assistent ensemble à une fête. Combien de personne y a-t-il en tout ?

20. Si j'achète 34 douzaines d'œufs, combien aurai-je d'œufs au total ?

LÉON VA EXÉCUTER UN 360°.
DANS QUELLE POSITION RETOMBERA-T-IL ?

RÉSOLVEZ CE RÉBUS ET VOUS SAUREZ À QUELLE IMAGE DE LA PAGE DE DROITE IL CORRESPOND...

*féminin.

*en anglais

Verbe aller,
à la première
personne du pluriel
de l'indicatif présent

A

B

C

D

E

F

G

H

I

J

K

L

M

N

65

PAWF!

FAITES VOTRE ARBRE GÉNÉALOGIQUE

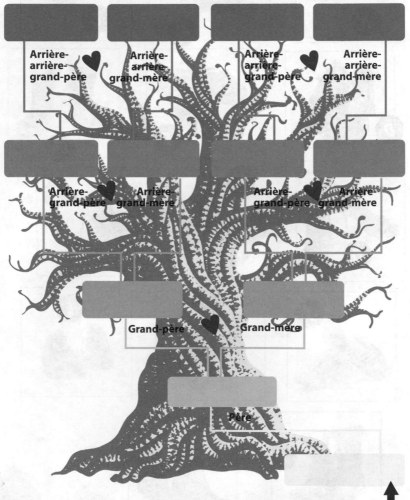

Arrière-arrière-grand-père

Arrière-arrière-grand-mère

Arrière-arrière-grand-père

Arrière-arrière-grand-mère

Arrière-grand-père

Arrière-grand-mère

Arrière-grand-père

Arrière-grand-mère

Grand-père

Grand-mère

Père

Inscrivez votre nom ici

ET DÉCOUVREZ VOS RACINES JUSQU'À LA CINQUIÈME GÉNÉRATION !

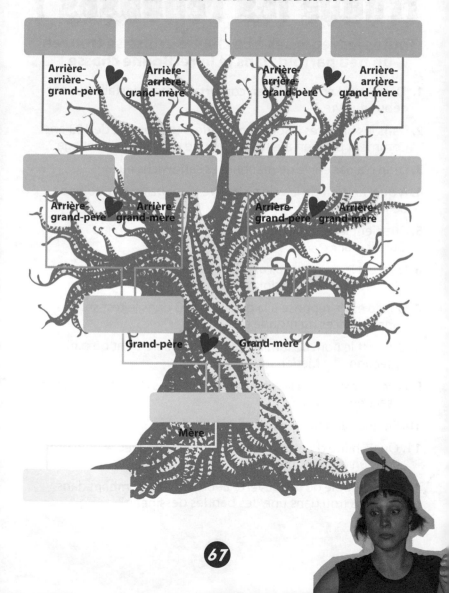

Arrière-arrière-grand-père

Arrière-arrière-grand-mère

Arrière-arrière-grand-père

Arrière-arrière-grand-mère

Arrière-grand-père

Arrière-grand-mère

Arrière-grand-père

Arrière-grand-mère

Grand-père

Grand-mère

Mère

Qui va à la chasse trouve les réponses !

Toutes les réponses à ce chassé-croisé se trouvent un peu partout dans le livre. Bonne chasse !

1. Dans quoi Léon est-il bien confortablement installé au tout début du livre ?

2. Dans les histoires insolites, on parle d'un homme de 103 ans. Comment peut-on aussi appeler une personne de cet âge ?

3. Léon n'a pas envie de manger ses sandwichs au...

4. À quel endroit de la ville se trouve le magasin La Coquine de la fausse pub ?

5. Que tient la main sur la page de présentation du jeu Qui dit vrai ?

6. Quel est le doigt qui a l'air d'avoir été coupé dans la section « Que faire de vos 10 doigts » ?

7. Quelle est la réponse à la question n°3 dans le test sur vos connaissances du monde des arts ?

8. Quel est le nom de famille de la costumière dont on parle dans la section « Le Métier Super Cool » ?

9. De quoi est rempli le fond des deux pages de présentation de la section « Jeux » ?

10. En quel langage le code secret est-il écrit ?

11. Quel chiffre doit-on dessiner dans les airs avec le pied droit, dans un des jeux proposés ?

12. Quelle drôle de découverte Léon fait-il en tombant dans un gros trou dans une des bandes dessinées ?

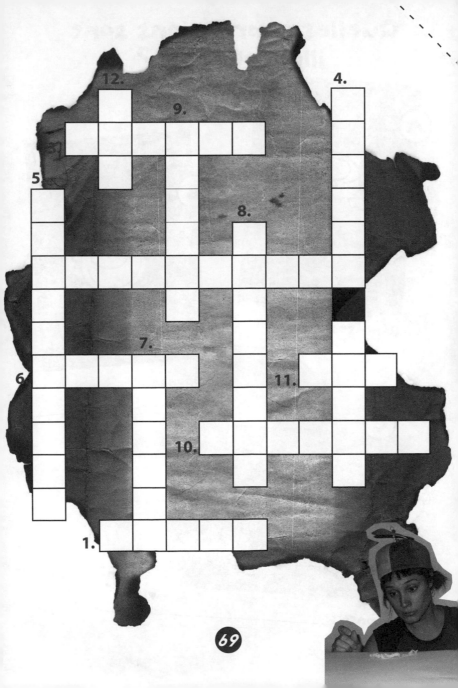

69

Quelles expressions sont illustrées ici ?

A

Réponse :
_____

B

Réponse :
_____

C

Réponse : _____

AYEZ L'AIR INTELLIGENTS,

en relatant une page d'histoire !

Parce que connaître son histoire peut toujours
servir, non seulement pour épater la galerie,
mais aussi pour sa propre culture générale,
voici quelques faits historiques marquants
qui pourraient vous être utiles !

C'était au
début du
19e siècle...

Il en sait,
des choses !

LA NAISSANCE DE *la bande dessinée*

‿ॐ‿

À la **fin du 19ᵉ siècle**, la bande dessinée naît
aux États-Unis sous la forme de *comic strips*,
des récits en quatre ou cinq images qui
paraissent de façon quotidienne dans les journaux.
Yellow Kid (on traduirait en français par « le gamin jaune ») et
Pim, Pam, Poum en sont les premiers héros.

Yellow Kid

Pim, Pam, Poum

Pour en savoir plus,
visitez www.dinosoria.com.

LES PREMIERS *Jeux olympiques*

Attribuée aux dieux et aux héros grecs, la création des Jeux olympiques est associée à plusieurs légendes, dont celle selon laquelle **Héraclès**, après avoir détourné le fleuve Alphée, aurait organisé avec ses quatre frères une course dont il couronna le vainqueur d'une branche d'olivier. La naissance officielle de cette compétition sportive remonterait à **776 avant J.-C.**, année où un certain Koroïbos aurait remporté la course du stade, épreuve à laquelle se limitaient les Jeux à l'origine.

Puis, le **23 juin 1894**, **Pierre de Coubertin** réussit à faire triompher sa grande idée : le rétablissement des Jeux olympiques, dont l'un des principes fondateurs est de contribuer à bâtir un monde pacifique et meilleur. Comment ? En éduquant la jeunesse au moyen du sport, pratiqué sans discrimination d'aucune sorte et dans l'esprit olympique, qui est fait de compréhension mutuelle, d'esprit d'amitié, de solidarité et de fair-play.

Après avoir surmonté de nombreuses difficultés, Coubertin obtient que les premiers Jeux olympiques modernes soient organisés à **Athènes** en **1896**.

La devise olympique est « **Citius, Altius, Fortius** », qui signifie « Plus vite, plus haut, plus fort ».

Pour en savoir plus, visitez www.dinosoria.com.

DRÔLE D'ACQUISITION

ET VLAN !

CODE SECRET

TROUVEZ LE CODE SECRET, SOUS LA FORME D'UNE PHRASE, ET VOUS POURREZ ACCÉDER AU JEU 4 SUR LE SITE WWW.CYBERLEON.CA.

Pour ce faire, vous n'avez qu'à décoder chaque mot en trouvant toutes les lettres correspondantes dans l'alphabet en braille donné à la page suivante.

Si ça ne fonctionne pas, malheureusement, vous devrez revoir attentivement chaque lettre et trouver par vous-mêmes où vous auriez pu faire une erreur.

Bonne chance !

CODE SECRET EN BRAILLE

Le braille est un alphabet composé de petits points grâce auxquels les aveugles arrivent à lire.

Alphabet

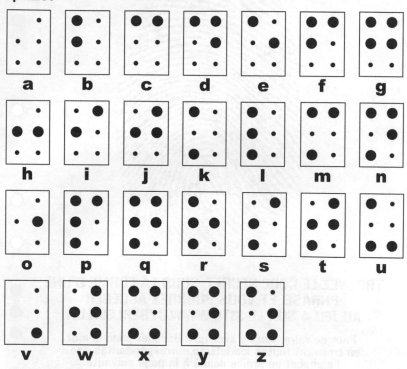

Ponctuation

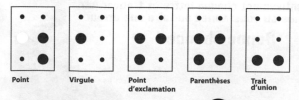

Point   Virgule   Point d'exclamation   Parenthèses   Trait d'union

1.

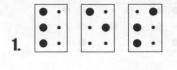

——— ——— ———

2.

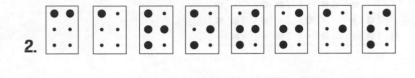

——— ——— ——— ——— ——— ——— ——— ———

3.

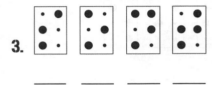

——— ——— ——— ———

4. 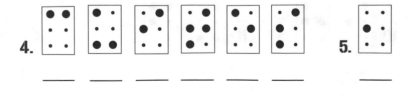 **5.**

——— ——— ——— ——— ——— ——— ———

6.

——— ——— ———

7.

____ ____ ____ ____ ____ ____ ____

8.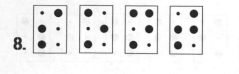

____ ____ ____ ____

9.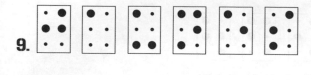

____ ____ ____ ____ ____ ____

10.   **11.**

____ ____   ____ ____

12.

____ ____ ____ ____ ____ ____ ____ ____

13.

___

14.

___ ___

15.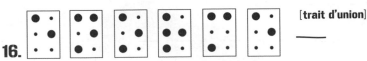

___ ___ ___ ___ ___ ___

16.   [trait d'union]
___

___ ___ ___ ___ ___ ___

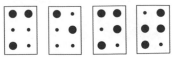

___ ___ ___ ___

17.

___

INSCRIVEZ ICI CHAQUE LETTRE ET VOUS DÉCOUVRIREZ LE CODE SECRET !

1. __ __ __

2. __ __ __ __ __ __ __

3. __ __ __ __

4. __ __ __ __ __   5. __

6. __ __ __

7. __ __ __ __ __

8. __ __ __ __

9. __ __ __ __ __

10. __ __   11. __ __

12. __ __ __ __ __ __ __

13. __   14. __ __

15. __ __ __ __ __

16. __ __ __ __ __ __ __ __

17. __

Il ne vous reste plus qu'à entrer ce code sur le site www.cyberleon.ca dans les sections « Bonbons » et « Jeux ».

ANNIE GROOVIE
À VOTRE ÉCOLE

EH OUI. ANNIE GROOVIE FAIT DES TOURNÉES DANS LES ÉCOLES !
VOUS TROUVEREZ TOUTE L'INFORMATION SUR LE SITE INTERNET
WWW.CYBERLEON.CA.

À BIENTÔT PEUT-ÊTRE !

Page des solutions

Annie Groovie voit le jour le 11 avril 1970, à 19 h 15, en plein souper de cabane à sucre. Elle grandit heureuse et comblée à Québec. Très tôt, elle développe un goût profond pour la création (et pour les sucreries...). Dès l'âge de huit ans, elle remporte son premier concours de dessin, grâce à son originalité.

Photo : Dominique Malaterre

Annie est diplômée en arts plastiques et bachelière en communications graphiques. Elle exerce le métier de conceptrice publicitaire depuis plusieurs années à Montréal, où elle habite depuis 1994 (eh oui, elle vieillit...).

Annie est une grande adepte de la gymnastique ainsi qu'une mordue de cirque et d'acrobaties de toutes sortes. En 1997, elle est sélectionnée par le Cirque du monde et part trois mois au Chili pour enseigner les arts du cirque aux enfants de la rue.

En 2003, Annie Groovie se découvre une toute nouvelle passion : la création de livres pour enfants. Aujourd'hui, les albums consacrés à son personnage de Léon « roulent » à merveille. Elle a un projet de dessins animés en production, et vous tenez présentement le quatrième numéro d'une série de livres tout à fait délirants !

LÉON A MAINTENANT

1

Léon et les expressions

Léon et les superstitions

RIGOLONS AVEC LÉON !

Léon et les bonnes manières

Léon et l'environnement

DEUX COLLECTIONS !

②

DÉLIRONS AVEC LÉON !

DÉLIRONS AVEC LÉON !

DEMANDEZ-LES À
VOTRE LIBRAIRE !

Les éditions de la courte échelle inc.
5243, boul. Saint-Laurent
Montréal (Québec) H2T 1S4
www.courteechelle.com

Révision :
André Lambert et Valérie Quintal

Muse : Franck Blaess

Dépôt légal, 2e trimestre 2007
Bibliothèque nationale du Québec

La courte échelle reconnaît l'aide financière du gouvernement du Canada par l'entremise du
Programme d'aide au développement de l'industrie de l'édition pour ses activités d'édition.
La courte échelle est aussi inscrite au programme de subvention globale du Conseil des Arts
du Canada et reçoit l'appui du gouvernement du Québec par l'intermédiaire de la SODEC.

La courte échelle bénéficie également du Programme de crédit d'impôt pour l'édition
de livres — Gestion SODEC — du gouvernement du Québec.

Catalogage avant publication de Bibliothèque et Archives Canada

Groovie, Annie

      Délirons avec Léon !

      Pour enfants de 8 ans et plus.

      ISBN 978-2-89021-917-5

      I. Titre.

PS8613.R66D44 2007   jC843'.6   C2006-942113-7
PS9613.R66D44 2007

Imprimé en Malaisie